Erstellung einer Ausdauer-Trainingsplanung für eine 20-jährige Bürokauffrau

GRIN ☺

Bibliografische Information der Deutschen Nationalbibliothek:

Die Deutsche Nationalbibliothek verzeichnet diese Publikation in der Deutschen Nationalbibliografie; detaillierte bibliografische Daten sind im Internet über http://dnb.d-nb.de abrufbar.

ISBN: 9783346736741
Dieses Buch ist auch als E-Book erhältlich.

Druck und Bindung: Books on Demand GmbH, Norderstedt Germany
Gedruckt auf säurefreiem Papier aus verantwortungsvollen Quellen

Das vorliegende Werk wurde sorgfältig erarbeitet. Dennoch übernehmen Autoren und Verlag für die Richtigkeit von Angaben, Hinweisen, Links und Ratschlägen sowie eventuelle Druckfehler keine Haftung.

Das Buch bei GRIN: https://www.grin.com/document/1281110

Deutsche Hochschule für
Prävention und Gesundheitsmanagement
Hermann-Neuberger-Sportschule 3
66123 Saarbrücken

Hausarbeit

Studiengang	**Gesundheitsmanagement**
Studienmodul	**Trainingslehre II**
Datum Präsenzphase **(siehe Ergebnisdokumentation)**	**25-27 Oktober 2021**
Aufgabe	**Erstellung einer Trainingsplanung für eine beliebige Person für das Ausdauertraining**

Inhaltsverzeichnis

1. Teilaufgabe 1 - Diagnose

1.1 Allgemeine und biometrische Daten

Tabelle 1: Allgemeine und biometrische Daten (eigene Darstellung)

Allgemeine Daten		Biometrische Daten	
Alter:	20 Jahre	**Blutdruck:**	141/90mmHg
Geschlecht:	Weiblich	**Normwerte:**	Normal <130/<85, Hochnormal <140/<90
Körpergröße:	1,64cm	**Bewertung des Blutdrucks:**	Hypertonie Stufe I
Körpergewicht:	70 Kg Bmi:26	**Ruheplus:**	72 S/min
Trainingsmotive:	Gewichtsreduktion	**Normwerte:**	60-80 S/min
Berufliche Tätigkeit:	Bürokauffrau	**Bewertung des Ruhepulses:**	Normal

Tabelle 2: Sportbezogene Daten (eigene Darstellung)

Aktuelle sportliche Tätigkeiten (inklusive. Leistungsstufe)	1x die Woche für 60min zum Aquafitness
Frühere sportliche Tätigkeiten (inklusive. Leistungsstufe)	4x die Woche für 120min Parkour
Zeitlicher Verfügungsrahmen:	3x die Woche für 30-60min
Internistische Probleme:	Bluthochdruck

1.2 Leistungsdiagnostik/ Ausdauertestung

Auswahl Testform: Belastungsschema nach WHO

⊗ Submaximal   ◯ maximal

Begründung Testverfahren:

Für die Probandin wurde der WHO-Test zur Ermittlung ihrer Ausdauerfähigkeit ausgewählt. Dieser Test ist ein Stufentest mit submaximaler Belastung auf dem Fahrradergometer. Dieser hat eine Stufendauer von 2 Minuten mit einer Trittfrequenz von 60-80 Umdrehungen pro Minute. Die Eingangsbelastung beträgt 25 Watt und wird mit jeder Stufe um 25 Watt erhöht. Dieses Testverfahren bietet sich für die Probandin an, da die Belastungsintensität insgesamt eher gering ist. Die kontinuierliche Steigerung der Intensität ermöglicht es, den Leistungsstand zu bestimmen und ein gezieltes Trainingsprogramm zu entwickeln, ohne die Person zu stark zu belasten.

Tabelle 3: Belastungsprotokoll (eigene Darstellung)

Pulsobergrenze	160 S/min
Abbruchgrenze	160 S/min
Eingangsbelastung	25 Watt
Stufendauer	2 min
Belastungssteigerung	25 Watt
Trittfrequenz	60-80 U/min

Tabelle 4: Werte vom Eingangstest am 25.10.2021 (eigene Darstellung)

Zeit	Watt	Hf 1 (S/min)	Hf 2 (S/min)
1-2	25	111	116
3-5	50	121	128
6-8	75	148	149
9-11	100	160 (beim Übergang zur 2ten Minute)	
Watt gesamt:	87,5		
Watt/Kg	1,25 Watt/Kg		

Die Probandin hat drei Belastungsstufen vollständig geschafft. In der vierten Stufe musste beim Übergang zur zweiten Minute der Test abgebrochen werden, weil sie bei ihrer Pulsobergrenze von 160 S/min angekommen ist.

Mit ihrer relativen Watt-Soll-Leistung von 1,25 Watt / kg Körpergewicht (87,5 Watt / 70kg) liegt die Probandin laut der Normwerte Tabelle für Frauen nach IPN im unterdurchschnittlichen Bereich.

1.3 Gesundheits- und Leistungsstatus der Person

Die Probandin ist eine Trainingsanfängerin. In der Freizeit ist sie kaum im Ausdauerbereich aktiv, sie betreibt einmal pro Woche Aquafitness. Regelmäßige Bewegung würde ihrem Bewegungsmangel entgegenwirken und einen Ausgleich zu ihrer Bürotätigkeit schaffen.

Die vorherige Anamnese ergab ein erhöhtes Körpergewicht von 70 kg, dies führt bei einer Körpergröße von 1,64 m zu einem BMI von 26,0. Mit diesem Wert ist die Probandin laut der Weltgesundheitsorganisation als leicht übergewichtig einzustufen.

Ihr Blutdruck ist mit 141/90 mmHg leicht erhöht und damit laut der Weltgesundheitsorganisation bereits in der Hypertonie-Stufe I. Dies führt jedoch zu keinen Einschränkungen (Halle, 2019).

Der Ruhepuls der Probandin liegt bei 72 S/Min. Dieser liegt laut der Deutschen Herzstiftung im Normalbereich, da der durchschnittliche Ruhepuls bei Erwachsenen zwischen 60-80 S/Min liegt. Somit ist sie unter gesundheitlichen Aspekten diesbezüglich nicht eingeschränkt.

Der Ausdauertest auf dem Fahrradergometer ergab eine unterdurchschnittliche Ausdauerleistungsfähigkeit, somit ist der Leistungsstatus der Person verbesserungsfähig. Eine Steigerung der relativen Wattleistung pro Kg im Re-Test ist hier erwünscht.

2. Teilaufgabe 2 – Zielsetzung/ Prognose

Tabelle 5: Zielsetzung und Prognose (eigene Darstellung)

	Inhalt	Ausmaß	Zeit
Ziel 1	Gewichtsreduktion	-5Kg	10 Wochen
Ziel 2	Blutdruck senken	-10/-5mmHg	3 Monaten
Ziel 3	Steigerung der relativen Wattleistung pro Kg im Re-Test	Von 1,25 auf 1,30	4 Monaten

Tabelle 6: Begründung der Ziele (eigene Darstellung)

Begründung Ziel 1	Die Person äußert den Wunsch, Gewicht zu verlieren. Ein geringerer Anteil an Körperfett würde sehr zur allgemeinen Fitness und dem Wohlbefinden beitragen. Es werden 5 Kg angesetzt, pro Woche ein halbes Kilo, damit die Person nach 10 Wochen einen BMI im Normalbereich erreicht. Zudem beugt eine Gewichtsreduktion gleichzeitig anderen Krankheiten vor, wie beispielsweise Diabetes Mellitus Typ 2.
Begründung Ziel 2	Da die Person einen zu hohen Blutdruck aufweist, ist es das Ziel, diesen zu senken. Die Senkung des Blutdrucks kann bereits mit der Reduzierung des Körperfettgehaltes einhergehen. Bluthochdruck gilt als wesentlicher Risikofaktor für das Auftreten von Schlaganfällen und Herzinfarkten. Durchblutungsstörungen erhöhen auch das Risiko von Schädigungen des Gehirns, die in der Folge mitunter auch die geistigen Fähigkeiten beeinträchtigen können. Die Person liegt momentan im Bereich der Hypertonie 1, somit wäre sie mit einen Ausmaß von -10/ -5mmHg nach ca.3 Monaten im Normalbereich.
Begründung Ziel 3	Da der Test unterdurchschnittlich ausgefallen ist, möchte die Probandin ihre relative Wattleistung pro kg steigern. Sie möchte ihre Leistungsfähigkeit verbessern, um ihr Herzkreislaufsystem zu optimieren. Ihr Ziel ist es sich von 1,25 auf 1,30 zu verbessern um auf die nächstliegende Stufe in der Normwerte Tabelle nach IPN zu gelangen, dafür nimmt sie sich 4 Monate Zeit.

3. Teilaufgabe 3 – Trainingsplanung Mesozyklus

3.1 Grobplanung Mesozyklus

Tabelle 7: Mesozyklus I (eigene Darstellung)

Mesozyklus I	
Mesozyklusdauer:	7 Wochen
Trainingsziel/e bzw. Trainingsbereich/e:	Aufbau der Grundlagen Ausdauer
Belastungsumfang/Woche:	1-3 Stunden
Trainingsmethoden:	Extensive Dauermethode, Variable Dauermethode
Trainingsintensitäten:	60-75% Hf max (extensiv), 50-80% Hf max (variable)
Trainingshäufigkeit/Woche:	2-3 mal
Dauer pro Trainingseinheit:	25-45 min
Trainingsgeräte:	Laufband (walken und laufen), Crosstrainer, Fahrrad

3.2 Detailplanung Mesozyklus

Tabelle 8: Mesozyklus I Woche 1 (eigene Darstellung)

Woche 1	Montag	Donnerstag
Tr.-ziel	GA 1	GA 1
Tr.-Methode	Extensive DM	Extensive DM
Tr.-Intensität	60-75%	60-75%
Trainingsherzfrequenzen	96-120%	96-120%
Tr.-Dauer	25 min	25 min
Tr.-Gerät	Crosstrainer	Laufband (walken)

Tabelle 9: : Mesozyklus I Woche 2 (eigene Darstellung)

Woche 2	Montag	Donnerstag
Tr.-ziel	GA 1	GA 1
Tr.-Methode	Extensive DM	Extensive DM
Tr.-Intensität	60-75%	60-75%
Trainingsherzfrequenzen	96-120%	96-120%
Tr.-Dauer	30 min	30 min
Tr.-Gerät	Fahrrad	Laufband (walken)

Tabelle 10: Mesozyklus I Woche 3 (eigene Darstellung)

Woche 3	Montag	Mittwoch	Freitag
Tr.-ziel	GA 1	GA 1	GA 1
Tr.-Methode	Extensive DM	Extensive DM	Extensive DM
Tr.-Intensität	60-75%	60-75%	60-75%
Trainingsherzfrequenzen	96-120%	96-120%	96-120%
Tr.-Dauer	35 min	35 min	35 min
Tr.-Gerät	Fahrrad	Crosstrainer	Laufband (walken)

Tabelle 11: Mesozyklus I Woche 4 (eigene Darstellung)

Woche 4	Montag	Mittwoch	Freitag
Tr.-ziel	GA 1	GA 1	GA 1
Tr.-Methode	Extensive DM	Extensive DM	Extensive DM
Tr.-Intensität	60-75%	60-75%	60-75%
Trainingsherzfrequenzen	96-120%	96-120%	96-120%
Tr.-Dauer	40 min	25 min	40 min
Tr.-Gerät	Crosstrainer	Laufband (laufen)	Fahrrad

Tabelle 12: Mesozyklus I Woche 5 (eigene Darstellung)

Woche 5	Montag	Mittwoch	Freitag
Tr.-ziel	GA 1	GA 1	GA 1
Tr.-Methode	Extensive DM	Extensive DM	Extensive DM
Tr.-Intensität	60-75%	60-75%	60-75%
Trainingsherzfrequenzen	96-120%	96-120%	96-120%
Tr.-Dauer	45 min	30 min	45 min
Tr.-Gerät	Crosstrainer	Laufband (laufen)	Fahrrad

Tabelle 13: Mesozyklus I Woche 6 (eigene Darstellung)

Woche 6	Montag	Mittwoch	Freitag
Tr.-ziel	GA 1/2	GA 1	GA 1
Tr.-Methode	Variable Dm	Extensive DM	Extensive DM
Tr.-Intensität	50-65% extensiv 65-80% intensiv	60-75%	60-75%
Trainingsherzfrequenzen	80-104% 104-128%	96-120%	96-120%
Tr.-Dauer	20 min 5:2	35min	45 min
Tr.-Gerät	Crosstrainer	Laufband (laufen)	Fahrrad

Tabelle 14: Mesozyklus I Woche 7 (eigene Darstellung)

Woche 7	Montag	Mittwoch	Freitag
Tr.-ziel	GA 1	GA 1/2	GA 1
Tr.-Methode	Extensive DM	Variable Dm	Extensive DM
Tr.-Intensität	60-75%	50-65% extensiv 65-80% intensiv	60-75%
Trainingsherzfrequenzen	96-120%	80-104% 104-128%	96-120%
Tr.-Dauer	45 min	25 min 5:2	40 min
Tr.-Gerät	Crosstrainer	Fahrrad	Laufband (laufen)

3.3 Begründung zum Mesozyklus

Im ersten Mesozyklus wird in den ersten fünf Wochen in der Extensiven Dauermethode trainiert und in der sechsten und siebten Woche mit der Variablen Dauermethode abgewechselt. Die extensive Dauermethode ist geeignet für ein gesundheitsorientiertes Ausdauertraining (Zintl, Eisenhut, 2009, S.119). Zu den Trainingswirkungen gehört beispielsweise die Ökonomisierung der Herz-kreislauf-Arbeit und die Erweiterung des aeroben Stoffwechsels mit Verbesserung der Fettverbrennung (Zintl, Eisenhut, 2009, S.119) Die variable Dauermethode ist durch systematisch wechselnde Beanspruchung gekennzeichnet, die sogenannte „Tempowechsel Methode" (Zintl, Eisenhut, 2009, S.118). Da die Probandin noch nicht viel Ausdauersport betrieben hat, dienen die ersten sieben Wochen dazu, sie mit niedriger Intensität und längerer Dauer an das Ausdauertraining zu gewöhnen. Sie wird in den ersten beiden Wochen zweimal zu je 25 min trainieren, um sich langsam an die neue Belastung zu gewöhnen. Ab der dritten Woche wird der Belastungsumfang auf drei Einheiten pro Woche erhöht. Wöchentlich wird die Dauer der Einheiten verlängert, damit die Probandin ihr Leistungslevel erhöht und nicht stagniert. Insbesondere bei Trainingseinsteigern gilt das Prinzip „Umfang vor Intensität". Deshalb wird zunächst die Dauer der Einheiten erhöht, während die Intensität von 60-75% stabil gehalten wird. Erst wenn die Probandin 45 Minuten moderat belastbar ist, wird im Rahmen der variablen Dauermethode auch die Intensität bis zu 80% leicht gesteigert. Innerhalb der sieben Wochen wird täglich zwischen drei Geräten gewechselt. Dazu wurde zum einen der Crosstrainer gewählt. „Durch den geführten, ergonomischen Bewegungsablauf sind Crosstrainer vor allem für Fitness-Einsteigerinnen eine gute Wahl. Schließlich wird der ganze Körper gestärkt, und durch den hohen Kalorienverbrauch fällt das Abnehmen leicht" (Anna Ullrich, 2021). Darüber hinaus dient das Fahrrad als Trainingsgerät. Das Fahrrad bietet sich an, weil auf diesem Gerät der Eingangstest durchgeführt wurde und dadurch sehr genaue Trainingsempfehlungen abgeleitet werden können. Es bietet außerdem den Vorteil, dass die Belastung exakt dosierbar ist und dass die koordinativen Anforderungen sehr gering sind. Als weiteres Trainingsgerät dient das Laufband. Dieses Gerät unterstützt die gewünschte Gewichtsreduktion, die Verbesserung der allgemeinen Ausdauer und die Stärkung des Herz-Kreislaufsystems (Lars Richter, 2021). In den ersten Wochen wird die Probandin das Laufband ausschließlich zum Walken nutzen, in der vierten Woche wird der Übergang ins Laufen angestrebt. Die Dauer der Trainingseinheit wird beim Laufen verkürzt, damit sich die Probandin an die neue Belastung gewöhnen kann.

4. Teilaufgabe 4 – Literatur Recherche

Tabelle 15: Studie I (eigene Darstellung)

	Studie 1
Wer hat die Studie durchgeführt?	Romy Meissner
Publikationsjahr	2011
Forschungsfrage	Die Auswirkungen eines zwölfwöchigen Trainingsprogramms auf den körperlichen Zustand, die kardiovaskuläre Funktion und das Wohlbefinden, sowie die Eignung von verschiedenen Methoden zur Festlegung der Intensität und Trainingssteuerung eines Trainingsprogrammes bei älteren Patienten mit Hypertonie. Ebenfalls wird das Auftreten hypertensiver Episoden bei Patienten mit und ohne Blutdruckspitzen während der körperlichen Aktivität überprüft.
Versuchspersonen	Patienten der Hochschulambulanz/ Bluthochdrucksprechstunde der Charité. Es wurden 11 Frauen und 13 Männer im Alter von 67.2 +/- 4.8 als Trainingsgruppe ausgewählt. Die Kontrollgruppe bestand aus 16 Frauen und 11 Männern im Alter von 68.9 +/- 5.2.
Versuchsaufbau	Am anfang wurden Untersuchungen durchgeführt sie beinhalteten ein Ruhe- und Belastungs-EKG, eine Laufbandspiroergometrie, eine Langzeit-Blutdruckmessung und eine Echokardiografie des Herzens. Die Teilnehmer wurden daraufhin in eine Trainings- und Kontrollgruppe aufgeteilt. Die Probanden der Trainingsgruppe (24 Teilnehmer) trainierten für insgesamt 12 Wochen dreimal wöchentlich auf dem Laufband nach einem Intervallschema. Die Kontrollgruppe (27 Teilnehmer) führte kein Sportprogramm durch.
Ergebnisse/ Schlussfolgerungen	Die maximale Leistungsfähigkeit hat sich (von 153,4 ± 12,4 auf 197,7 ± 11,1 Watt, p<0.01) verbessert. Der systolischen Blutdruck (von 185,2 ± 5,7 auf 153,8 ± 5,9 mmHg, p<0.0004), der Laktatwert (von 1,6 ± 0,2 auf 0,9 ± 0,04 mmol/l, p<0.003), die Herzfrequenz (von 111,4 ± 3,7 auf 92,9 ± 2,8 /min, p<0.0003) sowie der Borg-Wert (von 11,9 ± 0,3 auf 8,4 ± 0,5, p<0.0001) zeigten während der zweiten Belastungsstufe Veränderungen. In der Kontrollgruppe trat nur bezüglich des systolischen Blutdruckwertes eine signifikante Veränderung (von 189,3 ± 5,6 auf 167,1 ± 5,3 mmHg) auf. Ebenfalls konnte ein positiver Zusammenhang zwischen dem Borg-Wert und dem systolischen Blutdruck (r^2:0.2856), der Laktatkonzentration (r^2: 0.4276) sowie der Herzfrequenz (r^2: 0.4129) nachgewiesen werden. Es ist festzustellen, dass sich körperliche Aktivität bei Patienten mit einer isolierten systolischen Hypertonie als eine geeignete Möglichkeit der Blutdrucksenkung erwiesen hat.

Tabelle 16: Studie II (eigene Darstellung)

	Studie 2
Wer hat die Studie durchgeführt?	Anna Lena Bickenbach
Publikationsjahr	2011
Forschungsfrage	Wie wirken unterschiedliche Trainingsformen (Kraft-, Ausdauer, Kraft-/Ausdauertraining) auf die systemische Hämodynamik, die Gefäßelastizität und die HRV bei Patienten mit arterieller Hypertonie (Grad I).
Versuchspersonen	55 Probanden, darunter 13 Frauen und 42 Männer.
Versuchsaufbau	Es wurde für 12 Wochen trainiert. Die Teilnehmer hatten davor und danach eine ärztlichee Untersuchung. Ess-, Rauch- und Trinkgewohnheiten sollten weitergeführt werden. Die Kontrollgruppe sollte keinen Sport machen. Das Training belief sich auf jeweils drei Trainingseinheiten pro Woche. Die Personen wurden zugeteilt in 3 verschiedene Gruppen (Kraft-, Ausdauer, Kraft-/Ausdauertraining). Alle fingen mit einem fünfminütigen Warm-up auf dem Fahrradergometer bei 40% ihrer HF-Reserve an. Innerhalb der zwölf Wochen fand in allen Gruppen eine progressive Steigerung der Intensität und Dauer des Trainingsprogramms statt. Die Intensität war bei 50-75% und wurde alle 2 Wochen um 5% gesteigert. Das Ausdauertraining wurde auf einem Fahrradergometer durchgeführt. Dabei wurde die Herzfrequenz kontrolliert. Beim Krafttraining wurde ein Zirkel-training durchgeführt mit 2 Durchgängen, diese Geräte wurden genutzt: Beinstrecker, Beinbeuger sitzend, Wadenheben sitzend, Bauch sitzend, Rückenstrecker sitzend, Latzug, Beinpresse, Ruderzug, Butterfly, Schulterpresse, Brust-presse, Armbeuger mit Kurzhantel und Armstrecker mit Kurzhantel. Jeweils 10 Wiederholungen an jeder Übung mit einer Pause von jeweils 30 Sekunden. Eine Einheit dauerte 30 Minuten. Ausdauer- und Krafttraining: Die Teilnehmer führten sowohl die beschriebenen Trainingsformen des Ausdauertrainings als auch des Krafttrainings durch. Dadurch dauerte die gesamte Trainingseinheit ca. eine Stunde.
Ergebnisse/ Schlussfolgerungen	Der Blutdruck reduzierte sich in der Ausdauergruppe um 3,30 mmHg. In der reinen Krafttrainingsgruppe fand eine Blutdrucksenkung um 4,90 mmHg statt, das Kraft- und Ausdauertraining konnte die stärkste Reduktion um 5,80 mmHg erreichen. Im Bereich der Gefäßelastizität und der HRV konnten keine signifikanten Veränderungen erzielt werden.

5. Literaturverzeichnis

Bickenbach,A. (2011) *Auswirkungen von Ausdauer- vs. Krafttraining vs. der Kombination Ausdauer-/Krafttraining auf die systemische Hämodynamik, Gefäßelastizität sowie Herzfrequenzvariabilität bei Patienten mit arterieller Hypertonie.* Dissertation, Deutsche Sporthochschule. Köln.

Crozi,S. (2021) *Blutdruck Normalwerte -Welcher Blutdruck ist normal.* Zugriff am 10.11.2021, verfügbar unter: https://www.blutdruckdaten.de/lexikon/puls-normalwerte.html

Eisenhut,A., Zintl,F. (2009) *Ausdauertraining* (siebte, überarbeitete Auflage). München: BLV Buchverlag

Halle,M. (2019) *Bewegung senkt den Blutdruck besonders effektiv.* Zugriff am 09.11.2021, verfügbar unter: https://dzhk.de/aktuelles/news/artikel/bewegung-senkt-den-blutdruck-besonders-effektiv/

Meinertz,T. (2021) *Welcher Puls ist Normal?.* Zugriff am 10.11.2021, verfügbar unter: https://www.herzstiftung.de/ihre-herzgesundheit/das-herz/welcher-puls-ist-normal

Meißner,R. (2011) *Effekte eines 12-wöchigen Ausdauertrainings auf die körperliche Leistungsfähigkeit und den psychischen Zustand von Patienten mit isolierter systolischer Hypertonie.* Dissertation, Medizinischen Fakultät Charité – Universitätsmedizin. Berlin.

Richter,L. (2021) *Abnehmen mit Laufband.* Zugriff am 08.11.2021, verfügbar unter: https://workouts.de/laufband-test/abnehmen-mit-laufband/

Ullrich,A. (2021) *Abnehmen mit Crosstrainer.* Zugriff am 09.11.2021, verfügbar unter: https://www.womenshealth.de/fitness/fitnesstraining/so-funktioniert-abnehmen-mit-dem-crosstrainer/

Uphoff,H. (2020) *Body-Mass-Index: Den BMI berechnen.* Zugriff am 09.11.2021, verfügbar unter: https://www.diabsite.de/diabetes/labor/bmi-rechner.html

6. Tabellenverzeichnis

7. Anhang

Anhang 1: Blutdruck Normwerte

	systolisch (mmHg)	diastolisch (mmHg)
optimaler Blutdruck	< 120	< 80
normaler Blutdruck	120-129	80-84
hoch-normaler Blutdruck	130-139	85-89
milde Hypertonie (Stufe 1)	140-159	90-99
mittlere Hypertonie (Stufe 2)	160-179	100-109
schwere Hypertonie (Stufe 3)	>= 180	>= 110

Anhang 2: BMI Tabelle

BMI-Tabelle nach WHO
Die BMI-Werte von Erwachsenen lassen sich grob in folgende Gewichtsklassen einteilen:

Kategorie	BMI
Untergewicht	weniger als 18,5
Normalgewicht	18,5 - 24,9
Übergewicht	25 - 29,9
starkes Übergewicht (Adipositas Grad I	30 - 34,9
Adipositas Grad II	35 - 39,9
Adipositas Grad III	40 oder mehr

Anhang 3: Optimaler Puls

Alter	Pulsschläge pro Minute
0 Jahre	140
2 Jahre	120
4 Jahre	100
10 Jahre	90
14 Jahre	85
Erwachsene	60 - 80
Senioren	80 - 85